I0203490

JEAN MAVÉRIC

L A

Magie Astrale

Les Correspondances Astrales d'après la Tradition
pour faciliter les

OPÉRATIONS MAGIQUES & ASTROLOGIQUES

-:- MAGIE DES PARFUMS -:-
PLANTES, GEMMES, ANIMAUX
-:- -:- MINÉRAUX -:- -:-

Et toutes les analogies qui unissent

LE MICROCOSME AU MACROCOSME

PARIS-IX°

H. DARAGON, LIBRAIRE-ÉDITEUR

96, 98, RUE BLANCHE, 96, 98

1913

Note de l'éditeur

Nos livres sont la reproduction digitale de textes devenus introuvables.

Le lecteur voudra bien excuser le léger manque de lisibilité et les imperfections dues aux ouvrages imprimés il y a des décennies, voir des siècles.

Par égard à la mémoire des auteurs et la spécificité des ouvrages, il convenait de les reproduire tels les originaux.

www.eBookEsoterique.com

A MM. F. WARRAIN & CASLANT

EN TOUTE SYMPATHIE

J. M.

LA MAGIE ASTRALE

Figures des signes employés dans cet ouvrage.

Figures des douze signes du Zodiaque.

1 — Bélier	♈,	apposé à	Balance	♎	— 7
2 — Taureau	♉,	—	Scorpion	♏	— 8
3 — Gémeaux	♊,	—	Sagittaire	♐	— 9
4 — Cancer	♋,	—	Capricorne	♑	— 10
5 — Lion	♌,	—	Verseau	♒	— 11
6 — Vierge	♍,	=	Poissons	♓	— 12

Figures des sept planètes.

☉ Soleil — ☽ Lune — ☿ Mercure — ♀ Vénus — ♂ Mars — ♃ Jupiter — ♄ Saturne — ⊕ Roue de fortune.

Domiciles et exaltations des planètes.

Planètes	Domiciles	Exaltations
Soleil	Lion	Bélier
Lune	Cancer	Taureau
Saturne	Verseau et Capricorne	Balance
Jupiter	Sagittaire et Poissons	Cancer
Mars	Bélier et Scorpion	Capricorne
Vénus	Taureau et Balance	Poissons
Mercure	Gémeaux et Vierge	Vierge

Nota. — Les planètes étant dans les signes apposés à leurs domiciles, sont dites en *Exil*. Dans les signes apposés à leur exaltation, elles sont dites en *Chute*.

PRÉFACE

———

D'autant que mes précédents ouvrages résul-
tent de travaux qui me sont personnels et que,
dès lors, ils ne tombent pas dans les sentiers
battus par les parasites de l'occulte, je puis,
sans hésiter, confier au lecteur que le présent
traité, est un ouvrage de compilation.

Son but est de coordonner les correspondances
astrologiques en un ensemble homogène, harmo-
nisé avec l'esprit de la vraie Tradition. Pour ce
faire, il m'a fallu abdiquer mes opinions person-
nelles, d'allure quelque peu révolutionnaire, pour
me préoccuper uniquement de réunir les concor-
dances astrales, selon les lois de l'analogie, en
plusieurs goupes de même genre, desquels est
exclu tout ce qui n'est pas du domaine exclusif de
la sacro-sainte Tradition.

Dans ce travail de sélection, mes connaissances
hermétiques m'ont permis d'éclaircir certains

points restés occultes, et de rectifier bien des erreurs d'interprétation.

Ainsi, les diverses compositions des parfums magiques que l'on trouve dans la *Science caba-listique* de Lenain, sont pour la plupart erronées. Par exemple, on y peut constater que plusieurs parfums de même nature astrale, sont ensemble attribués à deux planètes de natures opposées. De même, les carrés kabbalistiques de Paracelse, que l'on trouve dans Eliphas Lévi, dans Agrippa et dans le Petit-Albert, sont mal construits et remplis d'erreurs.

Il m'a donc fallu suppléer à toutes ces imper-fections dont l'influence sur les curieux de l'oc-culte, fut si longtemps néfaste.

Le présent ouvrage ne procède pas d'une haute érudition, mais au contraire, il veut être lu et compris par tout le monde, et il n'a d'autre pré-tention que de faciliter le travail des opérations astrologiques et magiques, en empêchant les trop grands écarts que peuvent susciter les fausses interprétations de la Tradition.

Seul, *le chapitre du début*, ayant trait aux ori-gines des lois analogiques, qui relient les trois plans universels entre eux, est un travail qui m'est personnel, et malgré son apparente originalité, on y peut trouver de grandes vérités.

En terminant, nous demanderons aux austères puritains de l'Occulte de se montrer indulgents pour un ouvrage qui ne prétend à autre chose, qu'à aider les néophytes de notre Art, en les mettant en garde contre le danger des livres profanes, produits de l'ignorance et du mercantilisme.

JEAN MAVERIC.

Origines des analogies universelles.

La doctrine secrète envisage le Monde universel sous trois aspects hiérarchiques, dont l'ensemble forme un tout homogène et équilibré. « *Il en est de même de l'homme* ». Cette Triade universelle, analogue à la Trinité divine, est composée de trois plans qui diffèrent entre eux, par la valeur relative de leur constitution particulière.

Le plan supérieur est dit *Spirituel*, parce que sa constitution est essentielle et immatérielle.

Le plan moyen est dit *Animique,* parce que sa constitution est de nature mixte, entre l'Esprit et la Matière, et que c'est par lui que les impressions issues du plan supérieur, deviennent sensibles ; la Sensation étant du domaine de l'âme, ou de nature animique.

Le plan inférieur est dit *Matériel*, parce que sa constitution élémentaire est une réalisation physique des impressions manifestées par le plan animique.

Le plan supérieur comprend l'ensemble des principes premiers desquels procèdent les lois de la Création divine. Ils sont dits, *Causes secondes*, par rapport à *Dieu* qui est la *Cause première* et unique.

Les principes essentiels de ce plan, sont immédiatement informés par l'*Idée-Une* qui émane de Dieu, *Origine-Eternelle-Incréée* de la Force-Harmonisée.

Les lois qui en procèdent, se manifestent d'abord par une vibration négative de nature quaternaire au centre de laquelle naissent les quatre éléments créateurs.

Sa constitution initiale est équilibrée par l'union circulaire du Chaud, de l'Humide, du Froid et du Sec, qualités élémentaires par lesquelles ce plan spirituel informe immédiatemet les sept natures planétaires, de l'Idée divine.

Le *Chaud*, origine de la masculinité, se traduit par une vibration de nature expansive, délatante, raréfactive, qui provoque l'évolution des atomes.

Le *Sec*, origine de la réaction, se manifeste par une vibration de nature rétentrice, éréthique, irritante, qui contrarie et retient l'impulsion donnée.

L'*Humide*, origine de la féminité, se traduit par une vibration de nature attractive, mutable, instable, assouplissante, amollissante, relaxante, humectante, qui, pénétrant les atomes, divise les homogènes, et unit les hétérogénes provoquant ainsi l'involution de la matière, ou désagrégation.

Le *Froid*, origine de la fixation, se manifeste par une absence totale ou partielle de la vibration, dont l'effet est de coaguler ou de cristalliser la matière en détruisant le principe d'*Expansion* qui est dans le *Chaud*. (*Conservation*.)

L'action réactive, rétentrice, éréthique et irritante du Sec sur le Chaud, le transforme en Feu, origine du dynamisme violent et actif.

L'action expansive, dilatante et raréfactive du Chaud sur l'Humide, le transforme en Air, principe de l'attraction molléculaire et de la Fécondation.

L'action réfrigérante, coagulatrice, atonique et fixatrice du Froid sur l'Humide, l'épaissit, l'alourdit et le transforme en Eau, principe de la Circulation.

Enfin, l'action réactive du Sec sur le Froid, le divise, et ainsi, s'opposant à sa totale fixation, le transforme en Terre, principe concentrateur et récepteur.

C'est de la combinaison mutuelle de ces quatre éléments que se réalise l'œuvre de la Création. Leur manifestation s'opère d'abord sur le plan animique qui les rend sensibles et perceptibles d'abord négativement, ensuite positivement.

Par l'intermédiaire du plan animique, l'homme ressent négativement l'influence des éléments.

Ainsi, l'impression émanée du Feu, donne la sensation d'une chaleur aride qui, sur le plan cardiaque humain, correspond à : *Violence, autorité, présomption, ambition, enthousiasme*. L'impression issue de l'Air, est celle d'une vapeur, humide, chaude et vivifiante, qui provoque, chez celui qui la respire, un bien-être de nature normale, harmonique et vivifiante.

Sur le plan cardiaque humain, ce bien-être correspond à l'*harmonie du caractère*, à l'*amabilité*, à la *courtoisie*, à la *charité*, à la *serviabilité* et à l'*amour*.

La sensation ressentie par l'Eau, est celle d'une froideur pénétrante et amollissante et d'une odeur aqueuse et déprimante.

Sur le plan cardiaque humain, cette sensation se traduit par : *Passivité, indolence, dégoût, lassitude, nonchalance, soumission, inconsistance, féminité*, et par une sorte de réceptivité passive qui incline vers l'impersonnalité.

La sensation ressentie sur la Terre, est celle d'une stabilité qui n'est qu'apparente, puisqu'elle est proportionnée à nos forces, et que nos ennemis en peuvent tirer autant de profit que nous-même. Néanmoins, cette fausse sécurité, donne aux hommes une impression d'équilibre qui suffit à tranquilliser la plupart des instinctifs.

Pour les hommes sentimentaux, elle se tradui-

par : *inquiétude, taciturnité, réserve, prudence, tendresse contenue* ou *égoïsme personnel ; esprit prétentieux* ou *concentré, méfiant, réfléchi, ingénieux, studieux* et *solitaire.*

Telles sont les analogies mutuelles du plan animique, dans le monde et chez l'homme.

Les lois de l'analogie pénètrent et unissent tous les plans de la Création.

Il convient maintenant d'étudier de quelle manière les idées émanées du plan spirituel, se réalisent sur le plan matériel.

Les vibrations idéales issues du plan spirituel descendent en mode négatif jusque dans le plan animique.

La nature positive de ce plan, transforme ces vibrations et les rend sensibles, sans toutefois les matérialiser au sens absolu du mot.

La matérialisation s'opère sur le plan inférieur par la formation d'une matière-première, origine de la substance des mixtes, qui se manifeste sous trois états différents, issus d'une vibration de nature ternaire, émanée des quatre éléments.

Ainsi, le Chaud, contenu dans le Feu et dans l'Air, engendre une matière de nature chaude, fécondante et fermentative, que l'on nomme Soufre. Il est le principe masculin des semences et l'origine de la couleur rouge, c'est de lui que naît la saveur.

De même, l'Humide contenu dans l'Air et dans l'Eau, engendre une matière de nature vaporeuse, subtile, mutative et générante qu'on nomme Mercure. Il est le principe féminin des semences et l'origine de l'odeur et de la couleur bleue.

Encore, le Sec contenu dans le Feu et dans la Terre, donne naissance à une matière neutre, de nature sèche, cohésive et coagulatrice que l'on nomme Sel.

Il est le principe d'union du mâle et de la femelle et l'origine de la couleur jaune.

Enfin, le Froid contenu dans l'Eau et dans la Terre, étant de nature atone et anti-vitale conserve sa nature cristallisatrice, fixatrice et anti-motrice, dans la Terre et dans l'Eau. Le Froid est blanc dans la *Lumière divine* précréatrice, mais il est noir dans les ténèbres du néant et de la non-vie.

Ce sont donc ces trois principes constitutifs, *Soufre, Mercure* et *Sel*, qui sont la *substance prochaine* des créatures. Mais outre cette substance qui détient les couleurs, saveurs et odeurs, la nature intime du Soleil, de la Lune et des planètes, émanant du plan astral, se manifeste sur le plan inférieur par l'intermédiaire d'un *Esprit vital universel,* dont le véhicule naturel est l'Humidité aérienne, qui le transporte en terre, afin qu'il anime tous les germes de la Création,

et détermine leurs formes, selon les natures particulières de leurs matrices terrestres.

C'est cet *Esprit universel* qui anime et vivifie
toutes les créatures, et imprime en chacune d'elle
les vertus du monde supérieur.

Comment la vertu des planètes s'infuse en la nature des mixtes.

Les semences animales naissent du mutuel contact des animaux, et elles évoluent par leur chaleur propre, impressionnées par les éléments.

Les semences végétales sont formées par les plantes elles-mêmes dans l'œuvre de la fructification.

Les semences minérales naissent de l'union du Soufre et du Mercure (Mâle et Femelle) issus du du Chaud et de l'Humide universels.

Or, la matrice des semences végétales et minérales est faite d'eau et de terre crues et rudimentaires, que le sel de la terre unit en certains temps et lieux, d'une union provisoire et superficielle. Quand la semence végétale est dans cette matrice, sa substance s'altère sous l'influence de l'Humidité chaude « *de la nature du printemps* » qui émane du Soleil et de la Lune, et dont le premier effet sur la matière, est l'involution des atomes vers le chaos primordial. Durant cette corruption, l'Humidité universelle imprègne la semence des influences issues des planètes dont la nature est

humide, en faisant naître le *Mercure* dans l'eau.
Ce mercure, empreint de l'âme du monde, enno-
blit la semence en éliminant ses principes cor-
ruptifs, et fortifie sa substance par l'animation.
Bientôt, la Chaleur du Soleil surmontant le froid
lunaire et *saturnien* contenu dans la terre et dans
l'eau, fait naître le *Soufre* dans la semence, lui
léguant l'influence des planètes de *nature chaude*.

Le soufre s'unit au mercure et ainsi provoque
l'évolution de la matière et la croissance de la
plante, par sa nature chaude et active. C'est ainsi
que la plante sort de la terre, formée du mutuel
contact du Soufre et du Mercure unis par le Sel,
et empreints des influences planétaires.

Il en est de même de la semence minérale,
avec cette différence que celle ci, n'ayant pas de
forme originelle, ne peut végéter que lorsqu'elle
a rencontré une matrice susceptible de la contenir,
ainsi que la coquille de l'œuf en contient les principes. Si cette matrice est pure, la semence minérale produit de l'or, tandis que si elle est infectée
de sels, soufres ou tous autres ingrédients impurs,
elle ne peut engendrer qu'un métal imparfait,
comme le plomb, le cuivre ou tout autre, sauf
l'argent et l'or. Voilà le secret de la génération
des semences et de leurs natures planétaires.

Nota. — Le tableau suivant résume les analogies qui unissent les plantes aux planètes.

Tableau des analogies planétaires avec les plantes.

Planètes	Croissance	Forme-aspect	Couleurs	Odeurs	Saveurs
Saturne	lente	long-triste sinistre	sombre brun-terreux	fétide âcre narcotique	aigre âcre astringente
Jupiter	généreuse abondante	majestueux touffu	bleu-violet somptueuses	franche saine agréable	sucrée saine douce
Mars	variable capricieuse	hérissé rébarbatif	rouge brun-rouge	forte pénétrante mordicante	amère mordante piquante
Soleil	rapide généreuse	luxuriant coloré	jaunes chaudes	aromatiques pénétrantes balsamique	acidulée sucrée parfumée
Vénus	vivace	riant, clair coloré, gai harmonieux	gaies et claires vert, bleu, rose	suave capiteuse énivrantes	sucrée douce parfumée
Mercure	rapide	capricieux sinueux, petit	imprécise irisée changeante	subtile insaisissable	acidulée indéfinissable
Lune	variable	étrange mystérieux	blanc livide blafard	fade nauséeuse	insipide douçâtre

Comment on peut connaître les correspondances générales relatives au mois de la naissance.

Les correspondances particulières se déterminent selon la nature du signe zodiacal qui se lève à l'Horizon du lieu, à l'heure de la naissance.

Néanmoins, on peut connaître la nature des influences générales relatives à la place occupée par le soleil dans les signes du zodiaque, pour chaque mois de l'année.

Le chapitre suivant, établit les correspondances générales, zodiacales et planétaires pour chaque mois.

Exemple : Pour une personne née le 25 juin, les correspondances se trouveront du 21 juin au 22 juillet. En consultant cet endroit du chapitre, nous trouvons : *Signe zodiacal* : Cancer. — *Planète* : Lune. — *Génies :* Rahdar et Hermanubis. — *Minéral :* Sel de Lune (nitrate d'argent). — *Gemme* : Opale. — *Plante :* Laitue. — *Animal* : Cygne. — *Qualités* : Féminin, aqueux, mobile, nocturne, muet, tortueux, fécond, cardinal.

Toutes ces qualités sont expliquées au chapitre suivant (page 26), et si l'on veut pousser la curiosité plus avant, on consultera les analogies des signes et des planètes établies dans le cours de l'ouvrage.

Par exemple, dans le cas précédent, la planète domiciliée dans le Cancer étant la Lune, on trouvera dans le tableau spécial (page 60) que le métal correspondant à la Lune, est l'argent, etc.

Correspondances de signes du zodiaque **avec** les mois de l'année, les planètes, les génies, les minéraux, les gemmes, les plantes, les animaux et les diverses qualités universelles, et les parties du corps.

Du 20 mars ou 20 avril. — *Signe* : Bélier. — *Planète* : Mars. — *Génies* : Sataaran et Amum. — *Minéral* : Safran de mars. — *Gemme* : Hématite. — *Plante* : Poivrier. — *Animal* : Loup. — *Qualités* : masculin, igné, violent, diurne mobile, cardinal et quadrupédique. — La tête humaine.

Du 20 avril au 21 mai. — *Signe* : Taureau. — *Planète* : Vénus. — *Génies* : Bagdal et Apis. — *Minéral* : Mousse de Vénus. — *Gemme* : Aiguemarine. — *Plante* : Verveine. — *Animal* : Tourterelle. — *Qualités* : féminin, terrestre, tortueux, nocturne, fixe et quadrupédique. — Le cou.

Du 21 mai au 21 juin. — *Signe* : Gémeaux. — *Planète* : Mercure. — *Génies* : Sagras et Horus. — *Minéral* : Cinabre. — *Gemme* : Cornaline. — *Plante* : Muguet. — *Animal* : Abeille. — *Qualités* : masculin, aérien, double, stérile, loquace, de beauté, humain et diurne. — Les bras et les épaules.

Du 21 juin au 22 juillet. — *Signe* : Cancer. — *Planète :* Lune. — *Génies* : Rahdar et Hermanubis. — *Minéral* : Sel de Lune. — *Gemme* : Opale. — *Plante* : Laitue. — *Animal* : Cygne. — *Qualités* : féminin, aqueux, mobile, nocturne, muet, tortueux, fécond, cardinal. — La poitrine et l'estomac.

Du 22 juillet au 23 août. — *Signe* : Lion. — *Planète* : Soleil. — *Génies* : Saghan et Momphta. — *Minéral* : Sel d'or. — *Gemme* : Chrysolithe. — *Plante* : Angélique. — *Animal* : Lion. — *Qualités* : masculin, igné, fixe, chaud, diurne, stérile, quadrupédique. — Le cœur et le foie.

Du 23 août au 22 septembre. — *Signe* : Vierge. — *Planète* : Mercure. — *Génies* : Iadara et Isis. — *Minéral* : Orpiment. — *Gemme* : Agate. — *Plante* : Anis. — *Animal* : Singe. — *Qualités* : féminin, terrestre, double, stérile, nocturne, humain et volatil. — Les intestins, le ventre.

Du 22 septembre au 23 octobre. — *Signe* : Balance. — *Planète* : Vénus. — *Génies* : Grasgarben et Omphta. — *Minéral* : Atrament bleu. — *Gemme* : Corail rose. — *Plante* : Jasmin. — *Animal* : Brebis. — *Qualités* : masculin, aérien, mobile, diurne, humain, loquace, cardinal. — Les reins.

Du 23 octobre au 22 novembre. — *Signe* : Scorpion. — *Planète* : Mars. — *Génies* : Richol et Tiphœus. — *Minéral* : Atrament vert. — *Gemme* : Sanguine. — *Plante* : Ail. — *Animal* : Scorpion. — *Qualités* : féminin, aqueux, fixe, violent, fécond, nocturne, muet, tortueux. — La vessie.

Du 22 novembre au 21 décembre. — *Signe* : Sagittaire. — *Planète* : Jupiter. — *Génies* : Vhuori et Nephté. — *Minéral* : Bismuth. — *Gemme* : Saphir. — *Plante* : Laurier. — *Animal* : Paon. — *Qualités* : masculin, igné, double, diurne, loquace, humain dans la 1re moitié, animal dans la seconde. — Les fesses, l'anus.

Du 21 décembre au 20 janvier. — *Signe* : Capricorne. — *Planète* : Saturne. — *Génies* : Sagdalou et Anubis. — *Minéral* : Litharge. — *Gemme* : Jais. — *Animal* : Hibou. — *Qualités* : féminin, terrestre, mobile, cardinal, stérile, nocturne, violent. — Les cuisses, le fémur.

Du 20 janvier au 18 février. — *Signe* : Verseau. — *Planète* : Saturne. — *Génies* : Archer et Canub. — *Minéral* : Antimoine. — *Gemme* : Onix. — *Plante* : Saponaire. — *Animal* : Chameau. — *Qualités* : masculin, aérien, fixe, diurne, loquace, froid. — Les genoux et jarrets.

Du 18 février au 20 mars. — *Signe* : Poissons. — *Planète* : Vénus. — *Génies* : Rasamasa et Icton. — *Minéral* : Céruse. — *Gemme* : Turquoise. — *Plante* : Centaurée. — *Animal* : Cerf. — *Qualités* : Féminin, aqueux, double, fécond, muet, nocturne et aquatique. — Les pieds.

Correspondances des qualités diverses et particulières des signes du zodiaque.

Signes :

Cardinaux. — Le début des saisons, les points équinoxiaux et solsticiaux, les angles.

Ignés. — Elément Feu ; accidents par le feu, incendies, foyers, explosions, usines.

Aériens. — Elément Air ; les choses de l'air, les montagnes, les grands arbres, les oiseaux, les machines volantes, les chutes, asphyxies.

Aqueux. -- Elément Eau ; les choses de l'eau, les navires, les plantes marines, les poissons, accidents sur l'eau, naufrages, noyades, la pêche.

Terrestres. — Elément Terre ; les choses de la terre, les accidents sur terre, les éboulements, mines, souterrains.

Masculins. — Les mâles, les hommes, l'activité, l'autorité.

Féminin. — Les femmes, les femelles, la passivité, la soumission.

Diurnes. — Les choses de jour, actives, mobiles, les lieux éclairés et brillants.

Nocturnes. — Les choses de nuit, passives, paisibles, les lieux sombres, discrets.

Mobiles. — Les choses mutables, changeantes, instables, les voyages, les lieux animés.

Doubles. — Les choses doubles, la pluralité, les lieux divers, les multitudes, les unions et associations.

Fixes. — Les choses stables, constantes, lieux paisibles, immobilité.

Féconds. — Enfants nombreux, récolte abondante, production, gain.

Stériles. — Pas d'enfants ou récolte nulle, perte, improduction.

De beauté. — Beauté physique, harmonie des formes, beaux monuments et lieux agréables.

Tortueux. — Formes cahotiques, inharmoniques ou laides, rues, maisons et lieux tortueux, rébarbatifs.

Muets. — Parole difficile, lieux solitaires, calmes.

Loquaces. — Parole facile, lieux gais, animés, bruyants.

Violents. — Tendance aux accidents, dangers, ennuis, lieux dangereux.

Humains. — Sentiments, formes et mœurs humaines.

Quadrupédiques. — Désignant les amimaux quadrupèdes.

Volatils. — Les choses de l'air, subtiles, spirituelles, les oiseaux.

Aquatiques. — Les choses de l'eau et dans l'eau, les poissons, les animaux et plantes aquatiques.

Remarque : Les précédentes correspondances sont établies selon la Tradition hermétique puisée dans les textes anciens, d'origine à la fois Hébraïque, Egyptienne et Hindoue.

Toutefois, et à titre documentaire, nous reproduisons ici le tableau des correspondances tiré des œuvres du père Kircher : « *OEdipus Ægyptiacus, Tome II. pars secunda* ».

Tableau des correspon
du père

Signes du Zodiaque	Eléments	Qualités élémentaires	Planètes	Génies
Bélier	Feu	Sec-chaud	Mars	Amum
Taureau	Terre	Sec-froid	Vénus	Apis
Gémeaux	Air	Humide-chaud	Mercure	Horus
Cancer	Eau	Froid-humide	Lune	Hermanubis
Lion	Feu	Chaud-sec	Soleil	Momphta
Vierge	Terre	Sec-froid	Mercure	Isis
Balance	Air	Humide-chaud	Vénus	Omphta
Scorpion	Eau	Froid-humide	Mars	Tiphœus
Sagittaire	Feu	Chaud-sec	Jupiter	Nephté
Capricorne	Terre	Sec-froid	Saturne	Anubis
Verseau	Air	Humide-chaud	Saturne	Canub
Poissons	Eau	Froid-humide	Jupiter	Icton

ances zodiacales
ircher.

Gemmes	Plantes	Animaux	Qualités humaines	Couleurs
Améthyste	Elélis-phoxos	Brebis et petit bétail	Hardi, brave militaire	Rouge
Hyacinthe	Péristeron-orthos	Gros bétail taureaux	Ingénieux sensuel	Foncée
Chrysoprase	Péristeron-yptos	La race symiesque	Joueur et frivole	Jaune
Topaze	Symphylon	Aquatiques	Vagabond inconstant	Sombre
Béryl	Peandanos	Sauvages féroces	Ame noble magnanime	Dorée
Chrysolithe	Calamanthle	Race canine	Infécond, pieux industrieux	Verte
Sardoine	Scorpiuros	Volatiles	Juste et respectueux des lois	Pourpre
Sardonyx	Artémisia	Rapaces et voraces	Cruel et sanguinaire	Noire
Emeraude	Anagillis	Chasseurs et carnassiers	Coléreux et inconstant	Feu ou oranger
Chalcédoine	Lapathos	Ruminants	Ambitieux envieux	Blanche
Saphir	Dracuntia	Poissons marins	Mercantile commerçant	Bleue
Jaspe	Aristolochia	Poissons fluviaux et de rivières	Viril et libertin	Cendrée

Correspondances des signes du Zodiaque avec les facultés morales et la constitution physique de l'homme.

Bélier. — *Facultés* : Audace, ambition, passion, témérité, inconstance, violence, confiance en soi, impudence, irritabilité, agressivité, présomption, vanité.

Constitution physique : Figure longue, cheveux bruns, crépus dans le 1er décan et roux dans le dernier, sourcis touffus, taille au-dessus de la moyenne, corps nerveux, maigre, os solides, marque à la tête, pectoraux puissants, jambes courtes, tempérament robuste.

Taureau. — Caractère pondéré, renfermé, intelligence concentrée, lente, affections durables, constance, patience, déduction, sensualité imaginative, entêtement, lascivité, envie, gourmandise.

Constitution physique : Forte carnation, corps proportionné, taille moyenne, front large, sourcils marqués, figure ronde, cou puissant, épaules fortes, nez et bouche larges, muscles vigoureux, attaches fortes, voix rauque, teint incertain, yeux et cheveux châtains et bouclés.

Cancer. — *Facultés* : Passivité, féminité, versatilité, affection, inconstance, soumission, impersonnalité, assimilation, chance variable, ennui
de famille, amour maternel.

Constitution physique : Taille moyenne, visage
ovale, beau et pâle, cheveux abondants, châtains
clairs, sourcils épais, yeux gris-bleus, reins faibles,
épaules larges, dents mauvaises, tronc allongé,
allure efféminée, ventre gros, bras plus robustes
que les jambes.

Lion. — *Facultés* : Orgueil, ambition, bienveillance, vanité, colère, amour du succès, des honneurs, esprit peu scientifique. magnanimité, générosité, manie de la protection, favorable aux
enfants, ennuis de famille.

Constitution physique : Large stature, épaules
puissantes, taille grande, cheveux épais et roux,
teint florissant, voix sonore, jambes minces, aspect
imposant, fier, bras forts, démarche aisée, regard
impérieux, yeux fauves.

Vierge. — *Facultés* : Charité, indulgence,
adresse, subtilité, paresse, ingéniosité, compassion, revers de cœur et ennuis sociaux, dangers
par les frères et pour eux. Esprit chaste, amour
de la pureté.

Constitution physique : Taille moyenne et proportionnée, visage ovale, joues colorées, teint brun, yeux foncés, cheveux noirs non bouclés.

Quand le corps est grand, il est aussi plus mince.

Balance. — *Facultés* : Esprit juste, humeur égale, volonté, perspicacité, jugement, goûts nobles, caractère doux, paisible, sympathique, incertitude, ennuis sociaux et surtout dans le mariage.

Constitution physique : Taille plutôt élevée, yeux bleus, visage rond, teint blanc et rose, cheveux longs et fins ; la peau du corps est brune.

Scorpion. — *Facultés* : Tendances bizarres, inquiétantes, dangereuses, partialité, astuce, audace, violence, ironie, contradiction, jugement erroné, appétits instinctifs, esprit sournois, industrieux, curieux, envieux, chercheur.

Constitution physique : Membres robustes, taille moyenne, teint foncé, figure fine, cheveux noirs, peau vélue, jambes et pieds grands, démarche prompte, vitalité puissante.

Sagittaire. — *Facultés* : — Esprit puérile, pacifique, prudent, ambitieux, impressionnable, indépendant, timide, instincts migrateurs, impulsion, insouciance, luttes ou difficultés sociales et avec frères.

Constitution physique : Jolis traits, formes harmonieuses, visage ovale, calvitie précoce, taille assez élevée, front haut, nez grand, corps débile, teint pâle, barbe longue, cheveux fins, ventre large, voix claire, jambes mal faites.

Capricorne. — *Facultés* : Egoïsme renfermé, esprit contrariant, taciturne. rusé, instable, inconstant, prudent, diplomate. Maux soudains, entraves, ennemis et voyages dangereux. Sens pratique.

Constitution physique : Taille médiocre, corps mal fait, maigre, débile, nerveux, cou long, cheveux noirs et épais, yeux bruns, regard sournois, figure énergique, menton pointu, barbe rare, voix sourde.

Verseau. — *Facultés* : Réserve, douceur, passivité, justesse, bonté, raison, compassion, sociabilité, ennuis par frères et enfants, réussite lente par travail assidu. Esprit rêveur et paresseux.

Constitution physique : Taille moyenne, corps bien attaché. voix claire, cheveux blonds surtout chez la femme, visage long, yeux noirs, muscles arrondis et solides.

Poissons.— *Facultés* : Inconstance, versatilité, insouciance, indifférence, mollesse, médisance, goût des plaisirs matériels, audace dans l'impunité, apathie, instabilité, chance, parfois esprit subtil.

Constitution physique : Taille petite, corps charnu, bras et jambes courts, constitution débile, épaules arrondies, peau tachée, yeux ronds et gros, humides, cheveux bruns ou châtains.

Correspondances des signes du Zodiaque avec les villes et les contrées du monde.

Bélier. — Syrie, Palestine, Gaule, Bretagne, Bourgogne, Germanie, Silésie supérieure, petite Pologne, Naples, Capoue, Ancône, Rome, Florence.

Taureau. — Perse, Médie, Angleterre, Ile de Chypre, Grande Pologne, Irlande, Lorraine, Suisse, Franconie, Burgos, Parme, Palerme, Bologne, Nancy, Metz.

Gémeaux. — Egypte, Arménie, Sardaigne, Flandres, Brabant, Lombardie, Hircanie, Cordoue, Viterbe, Turin, Louvain, Bruges, Londres, Mayence, Bamberg.

Cancer. — Ecosse, Hollande, Numidie, Afrique, Phrygie, Colchide, Prusse, Carthage, Tunis, Venise, Gênes, Pise, Milan, Vizence, Berne, Trèves, Evreux, Lubeck, Magdebourg.

Lion. — Italie, Sicile, Alpes, Chaldée, Turquie, Apulée, Bohême, Damas, Syracuse, Rome, Ravennes, Crémone, Prague, Péruse.

Vierge. — Océan, Amérique, Babylone, Assyrie, Grèce, Croatie, Corinthie, Mésopotamie, Crète, Athènes, Silésie, Jérusalem, Corinthe, Rhodes, Arezzo, Brindisi, Pavie, Toulouse, Lyon, Paris, Heidelberg.

Balance. — Autriche, Chine, Japon, Alsace, Bactriane, Thébaïde, Ethiopie, Savoie, Dauphiné, Livonie, Lisbonne, Arras, Lodi, Plaisance, Fribourg, Francfort-sur-Mein, Vienne.

Scorpion. — Norvège, Cappadoce, Judée, Mauritanie, Catalogne, Suède, Batavie, Alger, Valence, Pistoie, Padoue, Messine, Vienne, Allobroge, Monaco, Ceylan, Créma.

Sagittaire. — Espagne, Portugal, Arabie, Celtique, Dalmatie, Sclavonie, Hongrie, Mauravie, Gênes, Tolèdes, Modène, Narbonne, Avignon, Cologne, Stuggart, Rotembourg, Buda.

Capricorne. — Ecosse, Amérique du Nord, Macédoine, Croatie, Albanie, Bulgarie, Grèce, Lithuanie, Saxe, Morée, Clèves, Bergue, Malines, Brandebourg, Constance, Prate.

Verseau. — Russie, Prusse, Arabie, Danemark, Bavière, Amazonie, Sarmatie, Tartarie, Suède sud, Wesphalie, Moselle, Piémont, Hambourg, Brème, Montferrat, Tarente.

Poissons. — Islande, Suède, Ecosse, Lydie, Panphilie, Cilicie, Calabre, Portugal, Normandie, Gallicie, Lusitanie, Alexandrie, Compostel, Rouen, Ratisbone.

Nota : Comme complément à ces correspon-
pondances anciennes, on peut, pour les villes
modernes, se baser sur les indications suivantes :

Sud : Belier, Lion, Sagittaire.
Est : Gémeaux, Balance, Verseau.
Ouest : Taureau, Vierge, Capricorne.
Nord : Cancer, Scorpion, Poissons.

Analogie des douze maisons célestes.

(*Division fictive du ciel, selon l'Horizon et le Méridien d'un lieu.*

Maison I. — Le tempérament, la personnalité, les influences futures, les facultés morales, la nature intime, la vie individuelle, le caractère. Correspond à l'Orient, au Bélier et à la tête humaine.

Maison II. — La fortune acquise, le gain, l'argent, le produit du travail personnel. Correspond au Taureau et au cou de l'homme.

Maison III. — Sympathies, tendances morales, entourage, frères, parents par alliance, voisins, familiers, correspondance courante, petits voyages. Correspond aux épaules, bras et au signe des Gémeaux.

Maison IV. — Legs et influence des parents sur la destinée, résultat final, la maison, le patrimoine, la famille, la mère, le père. L'estomac, la poitrine, le Cancer. Orientation du Nord.

Maison V. — Instincts matériels, jouissances de la chair et de la table, tentative élémentaire de réalisation sur le plan inférieur, spéculations, jeux, entreprises, chance. Les enfants, le cœur, le foie, le signe du Lion.

Maison VI. — Le principe auxiliaire, organes, fonctions organiques, maladies, aides, serviteurs, sulbalternes, ennemis connus, entraves, luttes. Le ventre, les intestins, le signe de la Vierge.

Maison VII. — Principe antagoniste, ou complémentaire, ou d'association. Mariage, union, divorce, séparation, collaboration ou rivalité ; sympathies ou antipathies ; procès, ruptures, amour, haine ; réussite par association ou ruine par rivalité ; accidents, maux. Le bassin, les reins. La Balance, l'Occident.

Maison VIII. — Principe désorganisateur. Désagrégation, séparation de la matière et de l'esprit. La mort, rêves, pressentiments, fatalités, héritage par mort de parents. Procès, fortune du conjoint. Accidents violents. La vessie, les organes génitaux. Le Scorpion.

Maison IX. — Principe de l'évolution morale. Tendances idéalisées. Conscience, religion, philosophie, incursions morales et excursions physiques. Longs voyages. Emanation de la conscience, œuvres, écrits ; survie. Fémurs, hanches ; le Sagittaire.

Maison X. — Réalisation sociale. Résultat de l'activité. Evolution effective du désir indivi-

duel. Position, honneurs, réputation, rang, fortune. Le père, la mère, parfois les enfants. Fesses,
anus. Le Sud et le Capricorne.

Maison XI. — Principe de l'altruisme. Amis,
protecteurs, alliés, dévouement ou faux-amis.
Désirs, espoirs, projets ; les enfants. Les genoux,
le Verseau.

Maison XII. — Principe désassimilateur et de
fatalité, inimitiés, hostilités, calamités, chagrins,
misère, trahisons, procès, scandales, discrédit,
emprisonnement, internements, chutes, maladies.
Les pieds, les Poissons.

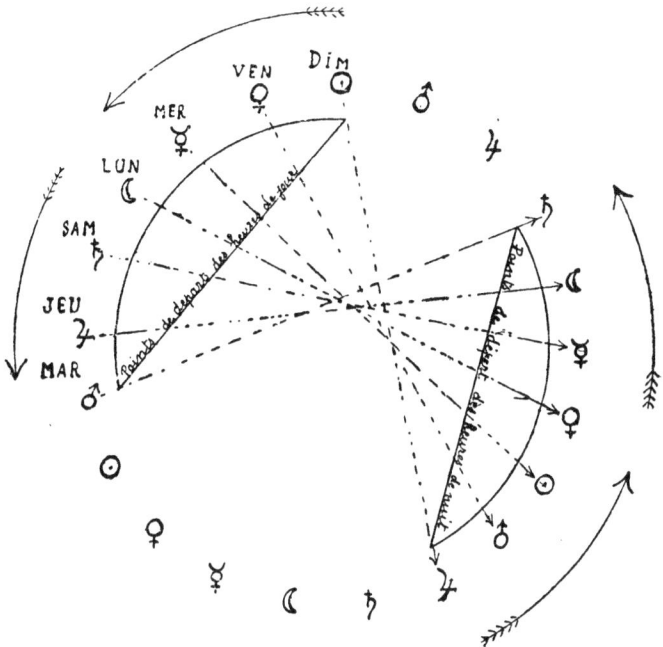

Figure des heures planétaires

(*pour les opérations magiques*).

Emploi des heures planétaires.

Les opérations magiques se doivent pratiquer
à l'heure du jour ou de la nuit, pendant laquelle
préside la planète dont la nature correspond à
l'invocation ou à la conjuration qu'on désire accomplir.

Presque toujours, l'heure planétaire est plus
ou moins longue que l'heure de soixante minutes.

Pour en connaître la valeur, il faut diviser en
douze parties égales, le temps qui sépare le
Lever du *Coucher* du Soleil, *pour les heures de
jour*.

La durée *des heures de nuit*, sera fournie par la
division en douze parties, du temps écoulé entre
le *Coucher* et le *Lever* du Soleil.

On trouvera les heures du coucher et du lever
dans tous les Almanachs, pour tous les jours de
l'année.

Il s'ensuit de ce qui précède, qu'en été, les
heures planétaires de jour, seront plus longues

que celles de nuit ; le contraire aura lieu en hiver, la nuit y étant plus longue que le jour.

Au temps des équinoxes, elles seront à peu près de même durée.

Une fois déterminés le jour et la planète, pour opérer, il faut prendre, *sur la figure des heures planétaires*, la planète dont la figure se trouve sous le nom du jour écrit en abrégé. Le sens des flèches indique le sens de la succession des planètes pour chaque heure. Il y a douze heures de jour et douze heures de nuit. Les lignes pointillées, indiquent les planètes qui président aux premières heures de nuit ; sur la figure, ces planètes sont à l'opposé de celles du jour.

Il n'y a donc qu'à compter une heure par planète, dans le sens des flèches, en partant du *nom du jour*, ou l'on veut opérer. Pour savoir quelle planète préside à la 7e heure du lundi, nous partons du signe LUN et comptons autant d'heures que de planètes, ce qui nous donne, Mercure pour la 7e du jour. S'il s'agissait de la 7e heure de nuit, nous partirions du point spposé à LUN, au bout la ligne pointillée : ♀ ; en comptant sept, dans le sens des flèches, nous arriverions au Soleil, pour la 7e heure de nuit.

Correspondances planétaires avec la constitution physique de l'homme.

Soleil. — Corps majestueux, traits séduisants, aspect rayonnant, conquérant, front développé, yeux grands et brillants, tête grosse et ronde, bouche moyenne, formes fines, barbe pleine, voix forte et rauque, cheveux épars, touffus, de couleur rousse.

Lune. — Taille large du haut, jambes faibles, contact flasque et humide, corps charnu, muscles mous, visage harmonieux, figure ronde, teint pâle ou blafard, yeux saillants et glauques, cheveux légers de teinte effacée.

Mars. — Taille moyenne, constitution vigoureuse, corps poilu, cheveux abondants brunroux, barbe dure et courte, yeux hardis et petits, lèvres minces, bouche grande, taches de rousseur, air arrogant et provocateur.

Mercure. — Corps petit mais proportionné, visage allongé et fin, cheveux rares, front bombé, yeux petits foncés et rieurs, sourcils arqués et longs, lèvres fines, nez long et droit, membres supérieurs longs, barbe rare, figure capricante, allure prompte, voix fine et aiguë.

Jupiter. — Taille moyenne, corps charnu, peau blanche, teint frais et clair, yeux bleus, brillants et grands, nez droit, moyen, allure majestueuse, épaules fortes et larges, mains et pieds forts, tendance à l'embonpoint, barbe fournie, châtaine ou rousse, menton divisé, marque au pied droit, calvitie précoce.

Vénus. — Taille svelte, carnation délicate et harmonieuse, peau claire et blanche, lèvres rouges et bien dessinées, front harmonieux, yeux rêveurs, langoureux, de couleur bleue ou fauve, nez fin et long, taille bien prise, hanches fortes, extrémités petites, buste étroit, jambes fortes.

Saturne. — Taille allongée et voûtée, teint terreux, os gros, peau rugueuse, dents mauvaises, visage allongé, sourcils épais, yeux petits, jaunes, barbe inculte, nez long et pointu, oreilles grandes et applaties, front haut, menton pointu et accentué, voix basse et sourde, démarche lente.

REMARQUE. — Il est évident que ces analogies physiques n'influent l'être naissant que lorsque l'une de ces planètes se trouve à l'Horizon oriental qui est dit : *Ascendant* (As) dans le thème. Ou encore quand l'un de ses signes (1) est sur l'Ascendant.

(1) *Signes ;* est mis ici pour *domiciles*.

Correspondances planétaires avec les éléments, signes, génies et jours de la semaine.

Soleil. — Elément : Feu (*chaud et sec*) ; Signe du Lion ; Génie : Michaël ; Jour : Dimanche.

Lune. — Elément : Eau (*froid et humide*); Signe du Cancer ; Génie : Gabriel ; Jour : Lundi.

Mars. — Elément : Feu (*sec et chaud*); Signes : Bélier, Scorpion ; Génie : Samuel ; Jour : Mardi.

Mercure. — Elément : Terre et Air (*variable*); Signes Gémeaux, Vierge ; Génie : Raphaël ; Jour : Mercredi.

Jupiter. — Elément : Air (*chaud et humide*); Signes : Sagittaire, Poissons ; Génie : Tachiel ; Jour : Jeudi.

Vénus. — Elément : Air (*humide et chaud*); Signes : Taureau, Balance ; Génie : Anaël ; Jour : Vendredi.

Saturne. — Elément : Terre (*sec et froid*); Signes : Verseau, Capricorne ; Génie : Cassiel; Jour : Samedi.

Correspondances planétaires des natures, fonctions, et facultés.

Soleil. — Nature dynamique, calorique, propulsive, attractive, excessive et masculine.

Fonctions. — Diffusion, volatilisation, exaltation, animation, fécondation, vivification.

Facultés. — Orgueil, noblesse, expansion, ardeur, générosité, domination, enthousiasme, violence, ambition.

Lune. — Nature passive, réceptrice, modératrice et féminine.

Fonctions. — Réflexion, transmission, atténuation, humection, formation, gestation.

Facultés. — Passivité, réceptivité, soumission, docilité, inconsistance, versatilité, indifférence, instabilité, inconscience, rêverie, insouciance, imagination négative.

Mars. — Nature violente, active, instinctive.

Fonctions. — Activité, éréthisme, pénétration, dessication, irritation.

Facultés. — Egoïsme, violence, promptitude,

présomption, témérité, cruauté, courage, audace, jalousie, vanité, colère, susceptibilité.

Mercure. — Nature mutative, subtile, perceptrice, transmissible et médiatrice.

Fonctions. — Perception, subtiliation, transmission, assimilation, mutation, spiritualisation.

Facultés. — Ingéniosité, subtilité, initiative, adaptation, déduction, intuition, diplomatie, habileté, promptitude.

Jupiter. — Nature équilibrante, compensatrice, évolutive et assimilatrice.

Fonctions. — Modération, régularisation, maturation, nutrition, croissance, assimilation, génération.

Facultés. — Jugement, dignité, loyauté, ambition, orgueil, bienveillance, sens moral.

Vénus. — Nature harmonique et attractive.

Fonctions. — Attraction, amour, atténuation, modération, génération.

Facultés. — Réceptivité, sensibilité, amour, sociabilité, volupté, intuition, compassion, charité, indulgence, sens artistique.

Saturne. — Nature rétentrice, atonique, concentrative et rigide.

Fonctions. — Rétention, concentration, réaction, coagulation, agglomération, cristallisation, réfrigération, stabilisation, fixation.

Facultés. — Concentration, réserve, prudence, envie, déduction, pondération, taciturnité, parcimonie, opiniâtreté, persévérance, patience, mémoire, méfiance, égoïsme personnel, profondeur.

Correspondances planétaires des tempéraments, organes et maladies.

Soleil. — Tempérament bilieux chaud.

Organes : Cœur, artères, grand sympathique, nerfs vaso-moteurs, sens dextre et de la vue, régulateur général des fonctions organiques.

Maladies. — Du cœur, du rythme cardiaque (systole et diastole), inflammation des yeux, paralysie des nerfs moteurs, névrites, atrophie du grand sympathique et des régions environnantes. Inflammations cérébrales et intestinales.

Lune. — Tempérament lymphatique froid.

Organes : Système lymphatique, digestif et de la génération. Veine lymphatique, cervelet, tissus séreux et passifs, estomac, mamelons, gorge, intestin, vessie, sens sénestre et du goût.

Maladies : Lymphatisme, scrofule, anémie, maux d'estomac, du ventre et du bas-ventre, maux des régions mammaires, de la gorge, de la vessie, incontinance d'urine, agutie ; maux de la matrice, folies de l'imagination.

Mars. — Tempérament bilieux sec.

Organes : Système musculaire et viril, foie, bile, fiel, verge, reins, capsules surrénales, maxillaire inférieur, quatrième ventricule, anus, sens du toucher.

Maladies : Priapisme ou impuissance, atrophie musculaire ; inflammations cérébrales, intestinales et musculaires. Maladies du foie et de la bile. Echauffement du sang. Maux des reins, irritations locales.

Mercure. — Tempérament mélancolique sec.

Organes : Système nerveux central, moelle épinière, plexus solaire, nerfs sensitifs et moteurs, nerfs faciaux, larynx, grand et petit pectoral, innervation intestinale, encéphale, vésicule biliaire, sens de l'ouïe.

Maladies : De la mélancolie et des nerfs ; paralysies locales et générales, incoordination des centres de commande, du système nerveux. Maux de la moelle. *Névroses de la connaissance :* folie, manie, épilepsie, catalepsie. *Névroses du sentiment :* langueur, désespoir, désirs impérieux, dégoût, tendance au suicide. *Névroses de la sensation :* amaurose, dyplopie, hémyopie, amblyopie, héméralopie, visions, hallucinations, hystérie.

Jupiter. — Tempérament sanguin chaud, équilibré.

Organes : Sang, circulation artérielle, *régulateur des fonctions d'assimilation :* miotrophie, respiration, digestion, parenchyme pulmonaire,
grand et petit pectoral, veine porte, sécrétion
séminale, diaphragme, muscles inter-costaux,
sens de l'équilibre.

Maladies : Corruption du sang, maux de la circulation et de la respiration. Troubles des fonctions d'assimilation. Atrophie musculaire, apo-
plexie, pléthore. Troubles de la nutrition.

Vénus. — Tempérament lymphatico-sanguin
ou sanguin froid.

Organes : Sensuels féminins et de la génération. Sexe interne, testicules, ovaires, liquides
séreux utérins et vaginaux, utérus, reins, seins,
glandes mammaires, glande thyroïde, pharynx,
gorge. Carnation. Sens de l'odorat.

Maladies : Des organes de la génération chez
la femme et des organes sexuels internes chez
l'homme. Syphilis, maux vénériens. Maladies
des femmes en couche. Maladies lubriques, hystérie sensuelle. Maux des ovaires, du vagin, des
testicules, des seins. Anormalités sensorielles.

Saturne. — Tempérament mélancolique froid.
Organes : Structure osseuse, cartilages, ver-

tèbres et articulations. Rate, bassin et vessie.
Jambes, genoux, pieds, dents. Humeurs lourdes.
Sens de la pesanteur et de la stabilité.

Maladies : De langueur et chroniques ; du
bassin et de la vessie. Maladies des os, ostéites,
nécroses. Occlusions intestinales ou urétrales.
Epaisissement du sang et des liquides. Corruption
des tissus, des fibres et ligaments. Cancer et caries
locales. Hypocondrie. Maux de la Mélancolie.

Correspondances planétaires des parfums odeurs, saveurs et couleurs.

Soleil. — Parfum composé avec : safran, bois de baume, encens et aloès, fleurs de giroflier, graines de laurier, de myrrhe ; musc et ambre gris. Dissoudre le tout dans de l'eau de géranium-rosat et en faire une essence par filtration ou une pâte par évaporation, dont on peut faire des boulettes dont l'arôme se dégage en les brûlant dans une cassolette sur le feu.

Odeurs. — Capiteuses, violentes, aromatiques, chaudes et pénétrantes.

Saveurs. — Mordantes, sucrées, acidulées, chaudes.

Couleurs. — Luxuriantes, chaudes, et surtout l'oranger, les rouges et les jaunes lumineux et dorés.

Lune. — Parfum composé de pavot blanc, de suc de lys, de camphre, de storax, de nénuphar, de cactus, de ciguë d'eau, de persil, de coloquinte, d'encens. Mettre le tout dans de l'eau de coquelicot ou de concombre ; faire évaporer après ma-

cération, et réduire en une essence onctueuse
dont on peut oindre la peau, ou en une pâte
épaisse dont on formera des boulettes qui se
brûlent sur le feu, en dégageant leur parfum.

Odeurs. — Fades, nauséeuses, faibles, aqueuses.

Saveurs. — Insipides, douces, écœurantes,
froides et neutres.

Couleurs. — Pâles, livides, éteintes, et surtout
le blanc et le nacré. Teintes opalines.

Mars. — Parfum composé de racine d'ellébore
noire, de feuilles d'euphorbe, de chardon bénit,
d'armoise, de grains de poivre, de soufre en pou-
dre et sel ammoniac. Triturer le tout et le faire
macérer dans une infusion d'absinthe. Filtrer le
liquide et l'épaissir par évaporation jusqu'à consistance épaisse. S'emploie par vaporisation dans
une cassolette chauffée.

Odeur. — Forte, piquante, désagréable, ster-
nutatoire.

Saveur. — Amère, mordante, piquante.

Couleur. — Rouge sombre et brun rouge.

Mercure. — Parfum composé de racines d'ellébore blanc, de valériane majore, de mercuriale,
d'agaric, de tiges et feuilles de muguet, de liseron,
d'anis étoilé, avec encens, benjoin et quinte-
feuille.

Procéder comme devant par macération, filtration et évaporation dans de l'eau de marjolaine sauvage.

Odeur. — Fine, subtile, insaisissable.

Saveur. — Variée, acidulée, indéfinie.

Couleurs. — Irisées, chatoyantes, changeantes, imprécises.

Jupiter. — Parfum composé de graines de frêne, de gomme de benzoé, d'écorce de bouleau, de feuille de laurier, de cerfeuil, d'eucalyptus, de bois de cèdre ; le tout macéré dans une infusion de jusquiame et épaissi par évaporation, après avoir été clarifié.

Odeur. — Franche, saine, normale.

Saveur. — Douce, sucrée, agréable.

Couleurs. — Bleu, violet, indigo.

Vénus. — Parfum composé de feuilles de roses, d'ambre gris, de musc, de benjoin, de verveine, de jasmin ; macérer le tout dans une décoction de racines de guimauve ; filtrer et évaporer jusqu'à suffisante consistance.

Odeur. — Suave, capiteuse, enivrante.

Saveur. — Douce, suave, parfumée, balsamique.

Couleurs. — Vives, fraîches, gaies (*vert, bleu* et *rose* clairs).

Saturne. — Parfum composé de graines de pavot noire, racine de mandragore, ellébore noire, chanvre indien, dans une décoction de renoncule.

Préparer ce parfum comme les précédents.

Odeur. — Acre, narcotique, fétide.

Saveur. — Acerbe, astringente, âcre.

Couleurs. — Tristes, sombres, brun terreux.

Correspondances planétaires des plantes, minéraux et animaux.

Soleil. — *Plantes* : Héliotrope, angélique, oranger, citronnier, grenadier, palmier, tournesol,
pivoine, dictam, renouée, canelle, arnica, hysope,
sauge, safran, romarin, hélianthe, gui, girofle,
géranium, chélidoine, muscade, véronique, men-
the-poivrée. Les plantes chaudes et d'aspect luxuriant.

Minéraux : Or, chrysolithe, topaze, ambre, hya-
cinthe, et toutes les gemmes de couleur jaune ou
dorée.

Animaux : Lion, aigle, ibis, zèbre, bouc, bélier, faucon, canari, condor, perroquet, et tous
les animaux qui ont le pelage jaune, luxuriant,
de couleur chaude et rutilante.

Lune. — *Plantes* : Iris, sélénotropion, chrynostate, oignons de mars, ciguë d'eau, concombre,
nénuphar, salades communes, courge, melon,
pavot, trèfle, belle-de-nuit, coquelicot, mauve,
cactus, cresson, douce-amère, grande-ciguë, persil, anacarde d'Orient, coloquinte, ipéca, jalap,

croton-tiglium, et toutes les plantes aquatiques, de nature froide et d'aspect étrange.

Minéraux : Argent, *sélénite*, aigue-marine, béryl, opale, labrador, diamant, cristal de roche, la nacre et toutes les gemmes transparentes, pâles, livides, nacrées et opalines.

Animaux : Animaux à sang froid, amphibies, nocturnes et d'aspect étrange. Poissons, grenouilles, crapaud, crabes, chat, orfraie, chauvesouris, cygne, lièvre, lapin, rossignol, coquillages.

Mars. — *Plantes* : Bruyère, euphorbe, absinthe, poivre, moutarde, prunellier, ortie, cornouiller, aloës, armoise, bryone, ail, digitale, eupatoire, gentiane, hamamélis, chardon bénit, rave, oignon, clématite ; et toutes les plantes de couleur brun-rouge, d'aspect hérissé et rébarbatif.

Minéraux : Le fer, la pierre d'aimant, la sanguine, l'hématite, le jaspe, le rubis, le grenat, et toutes les pierres rouges et de nature ferrugineuse.

Animaux : Tigre, jaguar, panthère, milan, coq, pivert, cheval, loup, sanglier, chien, épervier, scorpion, araignée, et la plupart des animaux féroces, carnassiers et de race féline.

Mercure.— *Plantes* : Genièvre, valériane, anis, noisetier, mille-feuilles, muguet, verveine, menthe, liseron, marguerite, agaric, aurone, marjolaine sauvage, millepertuis, pariétaire, scabieuse, sariette, ellébore blanc, badiane, capillaire, myosotis, fenouil, mercuriale, primule, pulmonaire, sanginaire, avoine, café, rüe, drosera, bardane, lycopode, thé-vert, trèfle et toutes les plantes menues, variées et de croissance rapide.

Minéraux : Mercure (vif-argent), chalcédoine, béryl, cornaline, agate, œil de chat et toutes pierres changeantes et chatoyantes.

Animaux : Hirondelle, pie, renard, singe, papillons, linot, belette, chardonneret, roitelet, grive, abeille, fourmi, lézard vert.

Jupiter. — *Plantes* : Menthe, laurier, cèdre, géranium, giroflée, hêtre, frêne, figuier blanc, poirier, olivier, encens, noyer, marjolaine, canelle, aigremoine, jusquiame, bourrache, cerfeuil, eucalyptus, sabine, tilleul, bouleau, férule, centaurée, endive, mélisse, sicille maritime, trillium pendulum et toutes les plantes majestueuses, saines et balsamiques.

Minéraux : Étain, améthyste, turquoise, saphir foncé, jaspe vert et toutes les pierres bleues ou violettes.

Animaux : Cerf, girafe, éléphant, daim, taureau, paon, perdrix, alouette, aigle et tous les
animaux puissants, majestueux et paisibles.

Vénus. — *Plantes* : Verveine, muguet, rose,
lys, narcisse, jasmin, seringa, violette, paque-
rette, jacinthe, pensée, cheveux de Vénus, sé-
nécio, fleurs de benjoin, cyclamen, pivoine,
guimauve, séné, scrofulaire, pulsatille, rhododendron, plantain, berberis, agnus-castus, hélonias, podophylle, et toutes les plantes fleuries, de
couleurs gaies et d'odeur suave.

Minéraux : Cuivre, émeraude, aigue-marine,
saphir clair, corail rose et toutes gemmes de couleurs gaies et tendres.

Animaux : Tourterelle, rossignol, ramier, colombe, pigeon, chèvre, brebis, passereau, faisan,
papillons, et tous les animaux inoffensifs, amou-
reux, fidèles et de couleurs gaies et tendres.

Saturne. — *Plantes* : Pavot, chêne, néflier,
ellébore, mandragore, aconit, lierre, mousse,
lichen, ache, cyprès, pin, assa-fœtida, chanvre
indien, renoncule, saponaire, ébénier, et toutes
les plantes rampantes venant en lieux arides et
froids, ainsi que les arbres au tronc dure et aux
racines profondes.

Minéraux : Plomb, onyx, corail noir, diamant noir, jais, et toutes les pierres brunes et terreuses.

Animaux : Vautour, serpents, crapauds, araignée, âne, hibou, grand duc, chauve-souris, tortue, chien, taupe, ours et tous les animaux lents, rampants, terrestres et nocturnes.

Correspondances planétaires de la famille, de la Société et des professions.

Soleil. — *Famille* : Le père, le mari, parfois l'amant, le chef.

Société : Rois, princes, choses glorieuses, célèbres, brillantes, illustres ; renommée, réputation, position élevée, honneurs sociaux, titres officiels, décorations, cérémonies, assemblées, fêtes.

Professions : Grands personnages, princes, hommes célèbres ou haut placés, ministres, présidents, grands chefs, grands philanthropes, écrivains célèbres par leur esprit brillant.

Maléficié : Princes ou rois déchus, gouverneurs, ministres ou chefs tyranniques et haïs, financiers véreux, escrocs de haut-vol, gens célèbres par arrivisme, esbrouffeurs populaires par leur astuce, politiciens.

Lune. — *Famille* : La mère, l'épouse, la sœur.

Société : Les voyages, les amies ou ennemies, les veuves, les choses populaires, les personnes jeunes.

Professions : Professions féminines et surtout par l'eau, comme blanchisseuses, laveuses, baigneuses, les bonnes et belles filles, les poètes étranges et rêveurs, les musiciens mystiques, les artistes mystérieux et surtout les femmes fantasques et rêveuses.

Maléficié : Pêcheurs, marins, prostituées, braconniers, orateurs populaires, mères et filles dénaturées.

Mars. — *Famille* : Le mari, le fiancé.

Société : L'amant, les rivaux, les associés, les voyages, les ennemis déclarés, les accidents et les blessures par le fer ou le feu.

Professions : Militaires, chefs d'armée, chevaliers, commandants, généraux et tous les grands capitaines.

Maléficié : Soldats, bretteurs, bouchers, chirurgiens, bourreaux, tueurs d'animaux, fondeurs, armuriers, ouvriers en fer, cuisiniers, charcutiers, pirates, voleurs, assassins, chasseurs et tous les métiers où l'on travaille dans le fer ou avec les armes.

Mercure. — *Famille* : Les frères, les enfants.

Société : Les amis, les associés, les inférieurs, l'industrie et le commerce.

Professions : Mathématiciens, géomètres, ingenieurs, inventeurs, astrologues, philosophes, orateurs, peintres, compositeurs de musique.

Maléfiéié : Commerçants, courtiers, boursiers, industriels, scribes, voleurs, hommes d'affaires, imprimeurs, faussaires, falsificateurs, faux-monnayeurs, notaires, entremetteurs.

Jupiter. — *Famille* : Le père adoptif quand il est riche ou influent, le patrimoine, le legs.

Société : Le chef, le protecteur, le seigneur, l'ami puissant ou fortuné.

Professions : Prélats, juges, hauts fonctionnaires, préfets, ministres, financiers, cardinaux, papes, pédagogues, riches orfèvres.

Maléficié : Bedeaux, sacristains, curés campagnards, instituteurs, majordomes, gérants.

Vénus. — *Famille* : La femme, la sœur, la fille, parfois la mère.

Société : L'amante, les amies, les relations féminines.

Professions : Artistes, musiciens, poètes, peintres, les femmes supérieures, et toutes les professions d'art et où l'intuition est nécessaire.

Maléficié : Danseurs, comédiens, artisans, médecins, lapidaires, parfumeurs, tisserands, charlatans, courtisans, entremetteurs, prostituées, et tous les gens qui vivent aux dépens de l'amour.

Saturne. — *Famille* : Le grand père, l'aïeul, le père.

Société : Les ennemis cachés, les traîtres, les faux amis.

Professions : Savants, prêtres, théologiens, inventeurs, philosophes, ermites, alchimistes, astrologues, agriculteurs, architectes, ingénieurs.

Maléficié : Mineurs, tailleurs de pierre, vidangeurs, corroyeurs, tanneurs, cordiers, potiers, gardiens, fossoyeurs, sorciers, mendiants, bourreaux, espions, traîtres et tous les métiers sales, tristes, répugnants et nocturnes.

Correspondances planétaires des divers choses, gens, lieux et des villes et contrées.

Soleil. — Les choses d'aspect rayonnant, brillant, étincelant, majestueux, somptueux, multicolore, grandiose.

Les gens célèbres, magnanimes et haut-placés.

Les lieux éclairés, lumineux, actifs, remuants, colorés, spacieux et imposants.

Les villes et contrées chaudes, colorées, remplies de fleurs diverses et de plantes aromatiques.

Les places publiques, boulevards, parcs.

Le Soleil dans le Lion, influe sur les contrées suivantes : L'Apulie, l'Italie, l'Espagne, la Sicile, la Phénicie, la Chaldée, et l'Orchénie.

Par lui-même, il gouverne les régions du Sud et toutes les contrées chaudes et colorées.

Lune. — Les choses étranges, nocturnes, poétiques, silencieuses ; les lacs, les rivières, la mer, les étangs, les lieux publics, les réunions de femmes, d'enfants, les œuvres féminines, maternelles.

Les gens jeunes, timides, craintifs, silencieux, rêveurs, mystérieux, efféminés, ou les personnes inconstantes, versatiles, peureuses et surtout les jeunes filles.

Les lieux silencieux, mystérieux, d'aspect étrange et froid, où l'on se réunit la nuit. Les rues calmes et désertes, et les maisons de forme et d'architecture bizarre.

Dans le Cancer, la Lune influe sur la Bithynie, la Phrygie, la Colchide, la Numidie, l'Afrique, la Chalcédoine et aussi sur Carthage. Elle préside aux contrées froides et humides, d'aspect étrange et qui sont situées au Nord.

Mars. — Les choses violentes, bruyantes, dangereuses, hérissées, tranchantes, pointues ; les armes, les objets en fer, les instruments de chirurgie, de boucherie, de torture, le feu, les fonderies, les usines, les arsenaux, les citadelles et les rues bruyantes, molpropres, industrielles et animées.

Les gens violents, coléreux, vindicatifs, turbulents, batailleurs et querelleurs.

Les lieux bruyants, tumultueux, enfumés, sales, les maisons noires et d'aspect hostile, en lesquelles on exploite des industries mécaniques.

Dans le Bélier, Mars gouverne la Bretagne, la Gaule, la Germanie, la Parthanie, le centre de la Syrie, et la Judée. Dans le Scorpion, il gouverne la Syrie entière, le Comagène, la Cappadoce, la

Métagonitide, la Mauritanie, la Gétulie, les villes militaires et surtout du Sud-Ouest.

Mercure. — Les choses industrieuses, promptes, animées, commerciales, diplomatiques, et ce qui regarde la jurisprudence et la finance.

Les personnes adroites, assimilatrices, subtiles, diplomates, rusées, promptes et ingénieuses.

Les lieux scientifiques, littéraires, commerciaux, les théâtres, les journaux, revues et banques.

Les rues et quartiers commerçants et industrieux.

Dans les Gémeaux, Mercure gouverne l'Hycarnie, l'Arménie, la Mautiane, la Cyrénaïque, la Marmarique et la basse Egypte.

Dans la Vierge, il gouverne la Grèce, l'Achaïe, Candie, Babylone, la Mésopotamie, l'Assyrie et Elam. Par lui-même, il gouverne les pays industrieux et commerçants et surtout au Nord-Ouest.

Jupiter. — Les choses majestueuses, imposantes, vénérables et réputées. Les personnes majestueuses, respectables, puissantes, honorées, ambitieuses, haut-placées et surtout les chefs du clergé et les aristocrates.

Les lieux imposants, somptueux, respectés et

les édifices religieux, luxueux, parfumés, colorés ; palais, châteaux, églises, temples ; les quartiers riches, les rues aristocratiques.

Jupiter dans le Sagittaire gouverne la Toscane,
la Celtique, l'Espagne, et l'Arabie heureuse.

Dans les Poissons, il influe sur la Lycie, la
Lydie, la Cilicie, la Pamphillie, la Paphlagonie,
la Nasamodie et la Garamautique.

Jupiter gouverne aussi les villes de résidences
royales ou épiscopales et surtout au Sud-Est.

Vénus. — Les choses d'aspect frivole, riant,
coloré, gai; concerts, théâtres, lupanars, bals,
restaurants, banquets.

Les personnes gaies, de caractère léger, facile,
aimable, sociable; de mœurs débauchées ; les
fêtards, noceurs, courtisans et aussi les gour-
mands et les buveurs. Bien disposée, Vénus signifie
l'art et les artistes.

Les lieux et monuments de plaisir, élégants et
gais, et aussi les assemblées de personnes distin-
guées et de bon goût.

Dans le Taureau, Vénus gouverne les Cyclades,
les îles des Indes, l'île de Chypre, la Parthie, la
Médie, la Perse et les îles de la Grèce. Dans la
Balance, elle gouverne les Bactries, les monts
Caspiens, la Sirique, la Thébaïde, l'Oaside et les
Troglodytes.

Vénus gouverne aussi toutes les villes où les mœurs sont frivoles, libertines et amoureuses, comme Venise et Madrid et surtout à l'Est.

Saturne. — Les choses et les gens austères, graves, solitaires, mélancoliques, vieux, retirés, sombres, d'aspect sinistre ou minable.

Ruines, souterrains, cloaques, prisons, hôpitaux, cimetières, déserts, marais, caves, fosses.

Les huissiers, procureurs, espions et gardiens.

Les lieux abandonnés, tristes, délabrés et sombres ; ceux où se trament des complots et où se réunissent des traitres.

Dans le Capricorne, Saturne gouverne la Macédoine, la Thrace, l'Illyrie, les Indes, l'Arriane, et certaines partie de l'Asie-Mineure.

Dans le Verseau, il influe sur la Sarmatie, l'Oxiane, la Sogdiane, l'Arabie, la Phanazie, la Médie et l'Ethiopie.

Seul, Saturne gouverne les contrées d'aspect triste, sévère, sombre et hostile, surtout vers l'Ouest.

Remarque. — Pour se servir utilement des correspondances géographiques, il faut consulter un atlas ancien ou un dictionnaire donnant les nomenclatures modernes de ces anciennes contrées.

Pour complément à cette étude, dans un thème

érigé, le méridien supérieur (M. C.) correspond
au Sud. Le méridien inférieur (F. C.) indique le
Nord. L'Ascendant (A. S.) correspond à l'Orient et
le descendant (O. C.) indique l'Occident.

Les maisons indiquent des directions intermé-
diaires selon leur situation.

De même le Soleil signifie le Sud, Mars le Sud-
Ouest, Saturne l'Ouest, Mercure le Nord-Ouest,
la Lune le Nord, Vénus le Nord-Est et l'Est, Jupiter le Sud-Est.

Si ces planètes sont situées dans le thème, aux
maisons qui correspondent à la même orientation
qu'elles, il ne peut y avoir aucun doute sur la
signification de la direction.

Si au contraire, elles sont dans d'autres maisons, cela veut dire que la chose qu'elles représentent, se trouvait dans la direction qu'elles
indiquent et est arrivée dans celle correspondant
à la maison qu'elles occupent, *ou inversement.*

Table alphabétique des correspondances.

Métaux et gemmes avec leurs correspondances planétaires.

Aimant ♂ — Ambre ☉ — Aérite ☉ — Agate ☿ — Améthyste ♃ — Argyrodamas ☾ — Béryl ou aigue marine ☾ — Chrysolithe ♄ — Chalcédoine ☿ — Cornaline ☿ — Corail rose ♀ — Corail noir ♄ — Chalcophone ♄ — Cristal de roche ☾ — Corybas ♄ — Diamant blanc ☾ — Diamant noir ♄ — Emeraude ♀ — Etain ou Stanum ♃ — Enanthus ♀ — Fer ♂ — Grenat ♂ — Galactite ♀ — Hématite ♂ — Jade ☿ — Jais ♄ — Jaspe vert ♃ — Jaspe brun ♂ — Lapis-lazuli ♃ — Labrador ☾ — Malachite ♂ — Médilithe ♃ — Mercure ou vif argent ☿ — Nacre ☾ — Onyx ☿ ♄ — Ophite ♂ — Opale ☾ — Ostrite ♄ — Œil de chat ☿ — Or ☉ — Périthe ♃ — Pétrace ♀ — Plomb ou plumbum ♄ — Pyrophile ♂ — Rubis ♂ — Saphir ♃ — Sardoine ♀ — Saphir clair ♀ — Sélénite ☾.

Plantes avec leurs correspondances planétaires.

Angélique ☉ — Absynthe ♂ — Anacarde d'Orient ☾ — Avoine ☿ — Aloès ♂ — Armoise ♂ — Anis ☿ — Agaric ☿ — Aurone ☿ — Ail ♂ — Aigremoine ♃ — Agnus-cactus ♀ — Aconit ♄ — Ache ♄ — Arnica ☉ — Assa-fétide ♄ — Berberis ♀ — Benjoin ♀ — Bouleau ♃ — Bourrache ♃ — Badiane ☿ — Bardane ☿ — Bryone ♂ — Belle de nuit ☾ — Citronnier ☉ — Canelle ☉ — Chélidoine ☉ — Chrynostate ☾ — Ciguë d'eau ☾ — Concombre ☾ — Courge ☾ — Coquelicot ☾ — Cactus ☾ — Cresson ☾ — Coloquinte ☾ — Croton-tiglium ☾ — Cornouiller ♂ — Chardon-bénit ♂ — Clématite ♂ — Capillaire ☿ — Café ☿ — Cèdre ♃ — Canelle ♃ — Cerfeuil ♃ — Cheveux de Vénus ☿ — Cyclamen ☿ — Chêne ♄ — Cyprès ♄ — Chanvre indien ♄ — Droséra ☿ — Digitale ♂ — Douce-amère ☾ — Dictam ☉ — Eupatoire ♂ — Encens ♃ — Eucalyptus ♃ — Endive ♃ — Ellébore noire ♄ — Ellébore blanc ☿ — Ebénier ♄ — Euphorbe ♂ — Figuier blanc ♃ — Fenouil ♃ — Férule ♃ — Frêne ♃ — Fleurs de benjoin ♀ — Grenadier ☉ — Gui ☉ — Girofle ☉ — Géranium ☉ — Grande-ciguë ☾ — Gentiane ♃ — Giroflée ♃ — Guimauve ♀ — Hélonias ♀

— Hêtre ♃ — Hamamélis ♂ — Hysope ☉ — Hélianthe ☉ — Ipéca ☾ — Héliotrope ☉ — Jacinthe ♀ — Jasmin ♀ — Jalap ☾ — Laurier ♃ — Lys ♀ — Lycopode ☿ — Muscade ☉ — Menthe poivrée ☉ — Melon ☾ — Moutarde ♂ — Menthe ☿ — Muguet ☿ — Marguerite ☿ — Marjolaine sauvage ☿ — Mélisse ♃ — Mille-feuilles ☿ — Mille-pertuis ☿ — Mercuriale ☿ — Marjolaine ♃ — Muguet ♀ — Mandragore ♄ — Mousse ♄ — Mauves ☾ — Néflier ♄ — Narcisse ♀ — Noisetier ☿ — Noyer ♃ — Nénuphar ☾ — Oranger ☉ — Oignons de mars ☾ — Ortie ♂ — Oignon ♂ — Olivier ♃ — Pivoine ☉ — Palmier ☉ — Pavot ☾ — Persil ☾ — Poivre ♂ — Prunellier ♂ — Pariétaire ☿ — Primule ☿ — Pulmonaire ☿ — Pulsatille ♀ — Pivoine ♀ — Plantain ♀ — Podophylle ♀ — Pâquerette ♀ — Renoncule ♄ — Rave ♂ — Rüe ☿ — Renouée ☉ — Rhododendron ♀ — Romarin ☉ — Sauge ☉ — Safran ☉ — Sélenotropion ☾ — Salades communes ☾ — Scabieuse ☿ — Sariette ☿ — Sanguinaire ☿ — Sabine ♃ — Sicille maritime ♃ — Seringa ♀ — Séné ♀ — Scrofulaire ♀ — Saponaire ♄ — Tilleul ♃ — Trillium pendulum ♃ — Thé vert ☿ — Trèfle ☿ — Tournesol ☉ — Véronique ☉ — Valériane ☿ — Verveine ☿ — Verveine ♀.

Nota. — Il peut arriver qu'une même plante ou

gemme corresponde à deux planètes différentes ; cela signifie que sa nature participe de ces deux astres à la fois.

Animaux avec leurs correspondances planétaires.

Amphibies ☾ — Abeille ☿ — Ane ♄ — Araignée ♄♂ — Alouette ♃ — Aigle ♃☉ — Brebis ♀ — Belette ☿ — Bouc ☉ — Bélier ☉ — Canari ☉ — Condor ☉ — Crapaud ☾ — Crabe ☾ — Chat ☾ — Chauve-souris ☾ — Cygne ☾ — Coquillages ☾ — Coq ♂ — Cheval ♂ — Chien ♂ — Chardonneret ☿ — Cerf ♃ — Colombe ♀ — Chèvre ♀ — Crapaud ♄ — Chauve-souris ♄ — Chien ♄ — Daim ♃ — Epervier ♂ — Eléphant ♃ — Faucon ☉ — Fourmi ☿ — Faisan ♀ — Grand-duc ♄ — Girafe ♃ — Grive ☿ — Grenouille ☾ — Hirondelle ☿ — Hibou ♄ — Ibis ☾ Jaguar ♂ — Lion ☉ — Lièvre ☾ — Lapin ☾ — Linot ☿ — Loup ♂ — Lézard ☿ — Milan ♂ — Ours ♄ — Perroquet ☉ — Poissons ☾ — Panthère ♂ — Pivert ♂ — Pie ☿ — Papillons ☿ ♀ — Paon ♃ — Perdrix ♃ — Pigeon ♀ — Passereau ♀ — Ramier ♀ — Rossignol ♀☾ — Renard ☿ — Roitelet ☿ — Sanglier ♂ — Scorpion ♂ — Singe ☿ — Serpent ♄ — Taupe ♄ — Tortue ♄ — Tourterelle ♀ — Taureau ♃ — Tigre ♂ — Vautour ♄ — Zèbre ☉.

Minéraux, gemmes et plantes avec leurs correspondances zodiacales.

Minéraux.

Antimoine ♒ — Atrament bleu (*sulfate de cuivre*) ♎ — Atrament vert (*sulfate de fer*) ♏ — Bismuth ♐ — Céruse (*oxide de plomb*) ♓ — Cinabre (*sulfure de mercure*) ♍ — Chlorure d'or ♌ — Litharge (*scories du plomb*) ♑ — Lune cornée (*argent mercurifié,* ou nitrate d'argent) ♋ — Mousse de Vénus (*verdet ou vert de gris*) ♉ — Orpiment (*sulfure d'arsenic*) ♍ — Safran de mars (oxide de fer calciné ou crocus rouge de fer) ♈.

Gemmes.

Aigue marine ♉ — Agate ♍ — Chrysolithe ♌ — Cornaline ♍ — Corail rose ♎ — Hématite ♈ — Jais ♑ — Onix ♒ — Opale ♋ — Sanguine ♏ — Saphir ♐ — Turquoise ♓.

Plantes.

Angélique ♌ — Anis ♍ — Ail ♏ — Centaurée ♓ — Ellébore noire ♑ — Jasmin ♎ — Laitue ♋ — Laurier ♐ — Muguet ♍ — Poivrier ♈ — Saponaire ♒ — Verveine ♉.

Les sept carrés magiques des génies planétaires selon Paracelse.

Carré de Saturne. — Nombre : 15.

Racine kabbalistique : 6.

4	9	2
3	5	7
8	1	6

Carré de Jupiter. — Nombre : 34.

Racine kabbalistique : 7.

4	14	15	1
9	7	6	12
5	11	10	8
16	2	3	13

Carré de Mars. — Nombre : 65.

Racine kabbalistique : 2.

11	24	7	20	3
4	12	25	8	16
17	5	13	21	9
10	18	1	14	22
23	6	19	2	15

Carré du Soleil. — Nombre : 111.

Racine kabbalistique : 3.

6	32	3	34	35	1
7	11	27	28	8	30
19	14	16	15	23	24
18	20	22	21	17	13
25	19	10	9	26	12
36	5	33	4	2	31

Carré de Vénus. — Nombre : 175.
Racine kabbalistique : 4.

22	47	16	41	10	35	4
5	23	48	17	42	11	29
30	6	24	49	18	36	12
13	31	7	25	43	19	37
38	14	32	1	26	44	20
21	39	8	33	2	27	45
46	15	40	9	34	3	28

Carré de Mercure. — Nombre : 260.
Racine kabbalistique : 8.

8	58	59	5	4	62	63	1
49	15	14	52	53	11	10	56
41	23	22	44	45	19	18	48
32	34	35	29	28	38	39	25
40	26	27	37	36	30	31	33
17	47	46	20	21	43	42	24
9	55	54	12	13	51	50	16
64	2	3	61	60	6	7	57

Carré de la Lune. —'Nombre : 369.

Racine kabbalistique : 9.

37	78	29	70	21	62	13	54	5
6	38	79	30	71	22	63	14	46
47	7	39	80	31	72	23	55	15
16	48	8	40	81	32	64	24	56
57	17	49	9	41	73	33	65	25
26	58	18	50	1	42	74	34	66
67	27	59	10	51	2	43	75	35
36	68	19	60	11	52	3	44	76
77	28	69	20	61	12	53	4	45

Nota. — L'addition des nombres de chaque colonne, verticale ou horizontale, doit donner comme résultat, la somme du premier nombre. La somme des chiffres de ce nombre donne la racine kabbalistique.

Les opérations magiques.

Les opérations magiques se doivent accomplir sous des influences *de même nature* que ce que l'on désire obtenir, quand il s'agit de solliciter une faveur par *Invocation*.

Si, au contraire, on désire anéantir un maléfice ou se préserver d'un danger connu, il faut agir sous des influences *de nature opposées*, à ce maléfice, par *Conjuration*.

Dans le premier cas, il s'agit d'*attirer* et dans le second, de *repousser*.

Dans ces deux cas, il faut réunir le plus d'influences analogiques que l'on pourra.

On doit écrire d'avance et prononcer l'évocation ou la conjuration, pendant la saison qui lui convient, à l'heure solaire, lunaire ou planétaire correspondantes, et dans un lieu de même nature que l'élément ou la planète choisis. Pendant la lecture *à haute voix*, de l'évocation adressée au génie planétaire, il faut faire brûler le parfum correspondant à la planète.

En un mot, il faut réunir tous les éléments astrologiques de même nature, pour augmenter la puissance de l'opération magique, dans le sens de ce que l'on veut obtenir.

Comment il faut dresser la figure du thème pour le jour, le lieu et l'heure de la naissance, et comment on peut en déterminer les correspondances.

Supposons qu'il faille ériger le thème astrologique pour une personne du sexe féminin née le 19 janvier 1882, 5 heures du matin à Paris lat^e 48 50'.

Nous prenons un exemplaire des Ephémérides de Raphaël pour l'an 1882, que nous ouvrons à la page qui correspond au mois de janvier. Délaissant la partie supérieure de la page, nous ne nous servirons que des colonnes comprises dans la partie inférieure.

La première colonne de gauche (^D_M) est celle des quantièmes du mois ; descendons cette colonne jusqu'au chiffre 19, qui est le jour de naissance. A droite de ce chiffre, dans la colonne ($^{Sidéral}_{Time}$) se trouve l'heure du Temps-sidéral « *en heures, minutes et secondes* » correspondant à l'heure de midi du lieu. Dans notre cas, le temps sidéral est le suivant : 19 h. 55 minutes « *car on délaisse les secondes* ». Cette heure correspondant à midi, et la personne étant née à 5 heures du matin, il faut soustraire de 19 h. 55', le nombre d'heures qui sépare 5 heures du matin de midi : soit 12 — 5 = 7 heures ; 19 h. 55 moins 7 égalent 12 h. 55 qui représentent le temps-sidéral correspondant à 5 heures du matin.

Si la naissance eut eu lieu à 5 heures du soir, il aurait fallu ajouter ces 5 heures au chiffre 19,55, ce qui eut donné 24 h. 55. Or, comme il n'y a que 24 heures par jour, il aurait fallu, dans ce cas, soustraire 24 du total, ce qui aurait donné 0 h. 55 minutes, comme temps-sidéral pour 5 heures du soir (1).

Mais revenons à notre temps sidéral 12 h. 55 qui correspond à 5 heures du matin. Prenons les *tables de latitude des maisons*, de Dalton, et en tête des colonnes H.M.S. cherchons l'heure qui se rapproche le plus de 12 h. 55. Nous la trouvons page 37, dans la colonne du milieu (*12°55'14"*). A droite de ces chiffres se trouve le signe : ♎ 15°, qui indique que le méridien supérieur ou M.C. pointe de la maison X se trouve au 15° degré de la Balance. Marquons ce degré sur le thème préparé (*en vente chez Daragon*), et de ce point, tirons une ligne diamétrale, qui aboutira au même

_____

(1) Au contraire, quand il faut soustraire et que le T. S. est inférieur au nombre d'heures à soustraire, on doit lui ajouter 24 heures, pour pouvoir opérer.

degré du signe opposé à la Balance (15º du Belier),
ce qui nous donne la pointe de la maison IV.
Pour avoir la place des autres maisons, il faut
connaître la latitude du pays de naissance. On
aura ce renseignement dans le traité d'astrologie
synthétique « *La Lumière astrale*, 2 fr. chez
Daragon », qui contient des tables spéciales et un
procédé simplifié pour pouvoir dresser un thème
sans calculs ni tables des maisons. Egalement,
l es latitudes se trouvent dans la Connaissance des
temps.

La latitude de Paris est 48º50, soit 49º. Nous
trouvons ce chiffre dans la colonne de gauche
(LAT) et nous suivons la ligne *horizontale*, qui
lui fait face, jusqu'au chiffre qui appartient à la
colonne 11 (11ᵉ maison). A l'intersection de ces
eux colonnes (49 et 11), nous trouvons 11 degrés
1 minute du ♏ (le signe au haut de la colonne 11).
Prenons le thème préparé et tirons de ce point,
une ligne droite qui aboutira au même degré du
signe opposé, soit 11ᵉ degré du Taureau ; ainsi
nous obtenons les pointes des maisons 11 et V.

Il faut opérer exactement de même avec les degrés et signes qui se trouvent à l'intersection des
colonnes 49 — 12, 1, 2, 3, et en tirant des lignes
diamétrales à leurs degrés opposés, nous aurons
la place des pointes des maisons : 12-6, 1-7, 2-8
et 3-9.

Il faut numéroter ces maisons en chiffres Romains, comme pour un cadran d'horloge, et il ne nous restera qu'à placer les planètes dans le thème. La Maison I ou ascendant (AS) doit être à gauche et la maison X (M.C) représente le haut de la figure. Reprenons donc les Ephémerides de Raphaël pour l'an 1882 et nous trouverons la situation des planètes en degrés et minutes, à l'intersection de la ligne horizontale du quantième, 19, et des colonnes de longitudes (Long.), *les seules qui nous intéressent*. Pour le Soleil, nous trouvons 29°22 du Capricorne (le ♒ placé en haut). Pour la Lune, nous trouvons 26°41 du Capricorne (le signe au dessus). Pour Uranus, 18°15 de la Vierge. Saturne 5°42 du Taureau. Jupiter 16°21 du Taureau. Mars 28°18 des Gémeaux. Vénus 21°32 du Capricorne et Mercure 7°45 du Verseau. Il ne reste qu'à placer la figure de ces planètes, dans le thème, en face le degré indiqué et le thème sera ainsi érigé.

Il faut, *si l'on veut*, placer la *roue de fortune* (⊕) qui par ses rapports avec les maisons I, II et X, signifie la Fortune. Elle se place à la même distance de la Lune que l'AS est distant du Soleil, ou à la même distance de l'AS que la Lune est éloignée du Soleil, ce qui revient au même. Pour la Lune, sa position est à modifier quand l'heure est autre que Midi, car elle voyage rapidement.

A ce sujet, on trouvera dans la *Lumière astrale*, — un procédé pour situer la Lune, évitant tout calcul.

Une fois le thème érigé, il ne faut plus que déterminer les caractères qui dominent en sa constitution, pour, à l'aide de nos tables, établir ses correspondances analogiques.

Ainsi, il faut tout d'abord regarder si une planète se trouve proche de la pointe de l'AS, car une telle planète, serait plus influente sur la nature du sujet, que le maître du signe ou se trouve l'AS.

Dans notre thème, la maison I est vide de planètes, car Vénus et Lune, bien que situées à la fin de I, influent bien davantage sur la maison II. « Sachons que toute la puissance des maisons est sur leur pointe et que leur dernier quart, se mélange avec la maison suivante ».

Dans le cas présent, c'est le Sagittaire qui est sur l'AS ; c'est donc Jupiter qui est maître de l'AS.

Le Capricorne vient ensuite, avec Saturne comme second maître du thème (*2ᵉ partie de la maison I*). Les correspondances du Sagittaire sont les *génies* Vhnori et Nephté. *Minéral :* Bismuth (métalloïde). *Gemme :* Saphir. *Plante :* Laurier. *Animal :* Paon.

Les qualités sont : masculin, igné, double, diurne, loquace ; humain au début et animal à la

fin. La signification de ces qualités est nettement
expliquée au chapitre spécial, page 27.

Le *Sagittaire* correspond aux fesses et à l'anus
du corps humain et il donne au né, un esprit puérile, prudent, et ambitieux, il suscite la discorde
entre frères et donne au visage de jolis traits. Les
formes physiques seront harmonieuses, la taille
assez élevée, les muscles faibles, le teint pâle, la
voix claire et les jambes mal faites. Voir page 34.

Dans ce thème, Jupiter, maître de 1, est en V — ;
ceci est favorable aux enfants, aux spéculations,
aux entreprises, au jeu et aux liaisons passagères.
(Voir pages 40 et 67).

La personne aura donc intérêt à porter les métaux et gemmes correspondants à Jupiter et à
respirer souvent son parfum magique, brûlé sur
le feu. Voir pages 56 à 59.

Les correspondances du Sagittaire et en second
lieu, celles du Capricorne, devront être détermi-
nées à l'aide de nos tables, étudiées avec soin et
utilisées pratiquement, afin de préserver le sujet
des influences mauvaises et d'attirer sur lui, la
chance. Voilà en quoi la connaissance du thème
natal et de ses analogies, est chose précieuse.

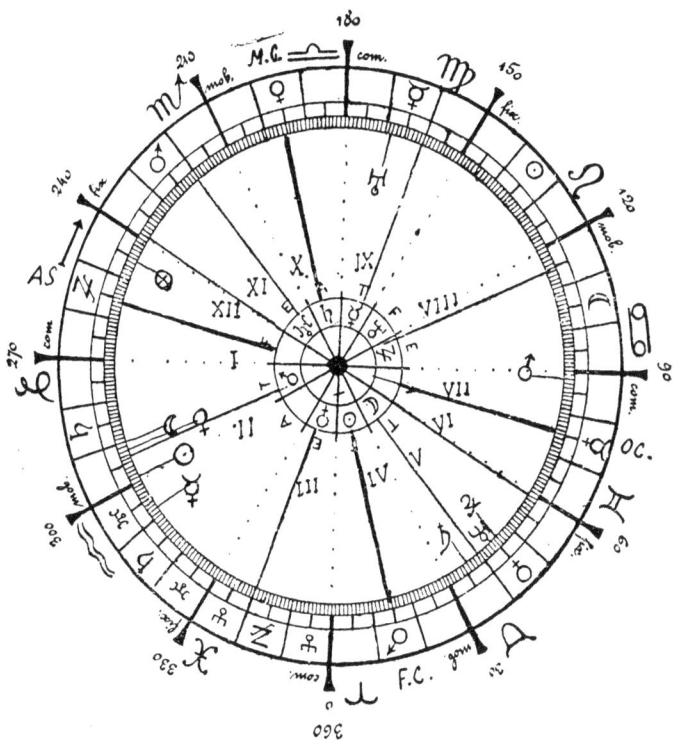

Figure du thème érigé pour le 19 janvier 1882
5 heures du matin à Paris.

Des analogies élémentaires.

L'influence des quatre éléments a une grande importance dans les opérations magiques et c'est pourquoi il importe de connaître leurs analogies sur tous les plans.

Correspondances de l'élément Feu (Chaud et Sec).

Le Feu est principe dynamique, de nature fluidique, violente, excessive, destructrice, comburante, dessicante, motrice, diffusive ; il est de la nature de l'Eté vers le 6 août, de la nouvelle Lune (Conjonction) et de l'heure de midi. Le Soleil, Mars et leurs analogies, participent de sa nature, ainsi que les signes du Lion, du Bélier et du Sagittaire.

Sentiment : Passion. *Facultés :* brillantes. *Caractère :* enthousiasme. *Age :* mûr. *Tempérament :* bilieux chaud.

Correspondances de l'élément Air
(Humide et Chaud).

L'Air est principe d'harmonie, de nature volatile, attractive, générante, nutritive, maturante, normale. Il est analogue au Printemps vers le

5 mai, au Soleil levant et au 1er quartier de la Lune.

Jupiter, Vénus et parfois Mercure, et leurs analogies, participent de sa nature, ainsi que les signes des Gémeaux, de la Balance et du Verseau.

Sentiment : Amour. *Facultés :* équilibrées. *Caractère :* normal. *Age :* adulte. *Tempérament :* sanguin.

Correspondances de l'élément Eau
(Froid et humide).

L'Eau est principe de Circulation, de nature liquide, mutative, fluctuante, atténuante, désagrégeante, réflexe. Elle est analogue à l'Hiver vers le 5 février, à la pleine Lune (opposition) et à l'heure de minuit. La Lune, parfois Vénus et leurs analogies, participent de sa nature, ainsi que les signes du Cancer, du Scorpion et des Poissons.

Sentiment : Passivité. *Facultés :* inconsistantes. *Caractère :* Versatilité. *Age :* Enfance. *Tempérament :* Lymphatique.

Correspondances de l'élément Terre (Sec et froid).

La Terre, est principe de Concentration, de

nature solide, aride, réceptrice, réactive, rétentrice et germinatrice. Elle est analogue à l'Au-
tomne, vers le 6 novembre, au Soleil couchant et
au dernier quartier de la Lune.

Saturne, parfois Mercure et leurs analogies,
participent de sa nature, ainsi que les signes du
Taureau, de la Vierge et du Capricorne.

Sentiment : Egoïsme personnel. *Facultés :* profondes. *Caractère :* réserve. *Age :* Vieillesse. *Tempérament :* mélancolique.

Nota : Pour trouver le détail des correspondances des Eléments, il faut prendre celles des
planètes qui leurs sont analogues.

TABLE DES MATIÈRES

EBOOK ÉSOTÉRIQUE
LIVRES ÉSOTÉRIQUES ET D'OCCULTISME
RARES OU ÉPUISÉS

Ebook Esotérique réédite,
sous forme de livres électroniques
ou Ebooks, des livres ésotériques et
d'occultisme qui sont devenus rares ou
épuisés.

Visitez Ebook Esotérique

www.ebookesoterique.com

Inscrivez-vous pour recevoir
notre Bulletin-Info.
Vous serez informé des
nouvelles parutions et promotions.

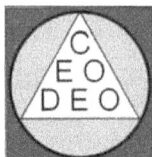

Vous avez une question
sur l'Hermétisme,
l'Esotérisme ou la pratique des
Sciences Occultes ?

L'Encyclopédie Ésotérique vous
apportera des réponses et des
mises au point précieuses.
Cliquez www.ceodeo.com

L'Encyclopédie Ésotérique ainsi que les
articles, dossiers, cours et essais que
vous trouverez sur notre site s'adressent
tant aux profanes qu'aux spécialistes.

Collège Ésotérique et Occultiste
d'Europe et d'Orient
(CEODEO) www.ceodeo.com

www.ingramcontent.com/pod-product-compliance
Lightning Source LLC
Chambersburg PA
CBHW070001100426
42741CB00012B/3097